EASY PIANO

JUSTIN BIEBER
BELIEVE

ISBN 978-1-4768-6871-4

HAL•LEONARD®
CORPORATION
7777 W. BLUEMOUND RD. P.O. BOX 13819 MILWAUKEE, WI 53213

D0898836

Visit Hal Leonard Online at
www.halleonard.com

ALL AROUND THE WORLD

Words and Music by JUSTIN BIEBER,
NASRI ATWEH, CHRISTOPHER BRIDGES,
ADAM MESSINGER and NOLAN LAMBROZZA

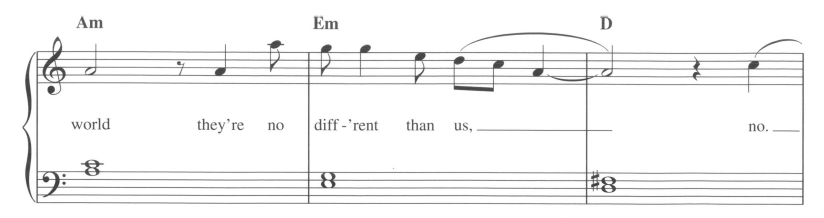

world they're no diff-'rent than us, _____ _____ no. _____

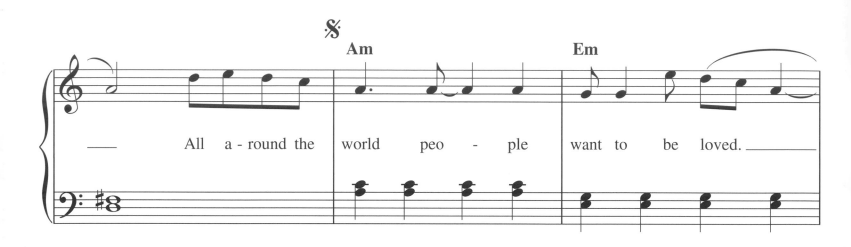

_____ All a-round the world peo - ple want to be loved. _____

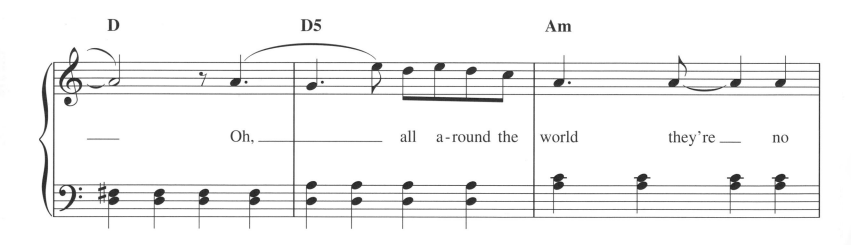

_____ Oh, _____ all a-round the world they're _____ no

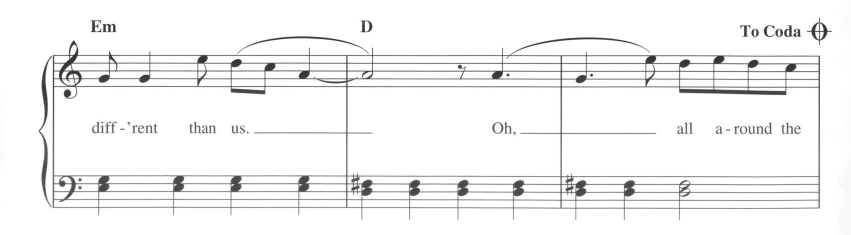

diff-'rent than us. _____ Oh, _____ all a-round the

CATCHING FEELINGS

Words and Music by JUSTIN BIEBER,
ERIC DAWKINS, HARVEY MASON, ANTONIO DIXON,
DAMON THOMAS and PATRICK SMITH

Bm7   **C**   **Bm7**

cra - zy ___ to me, _____ I e - ven see you in ___ my dreams. ___

wan - na see you smile. _____ You say the word _ and I'll _____

Em7   **A/C#**

___ Is this meant to be? _____ Could this be

___ be right there. _____ I ain't

D7♭9sus   **D9**   **Gmaj7**

hap - pen - ing ___ to me? _____ We been best ___

nev - er goin' _ no - where. ___ I'm just try'n'

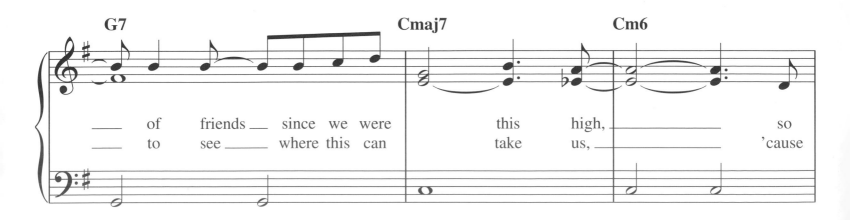

G7   **Cmaj7**   **Cm6**

___ of friends ___ since we were this high, _____ so

___ to see _____ where this can take us, _____ 'cause

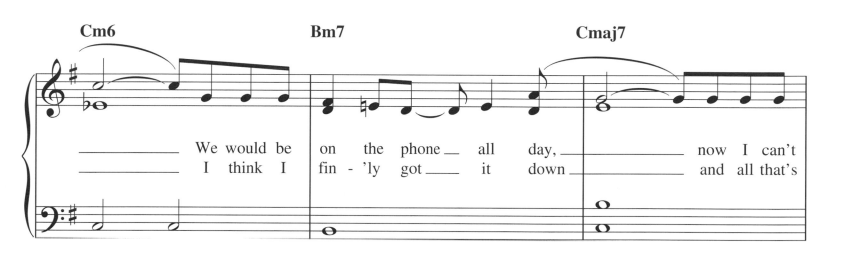

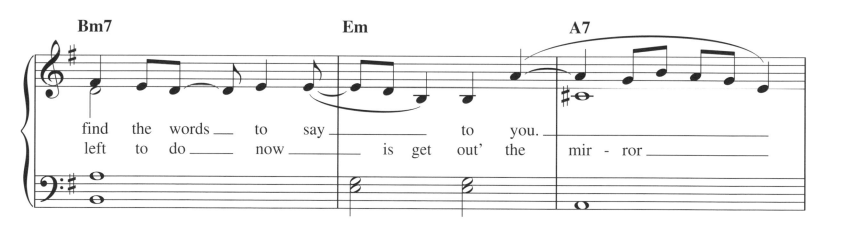

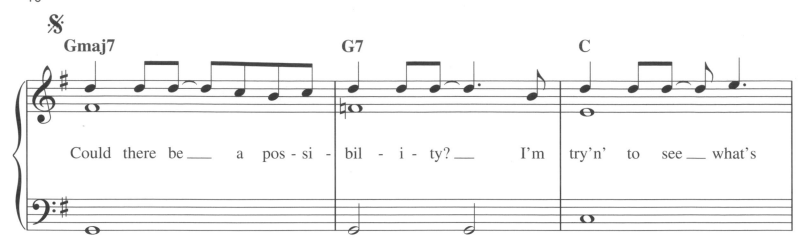

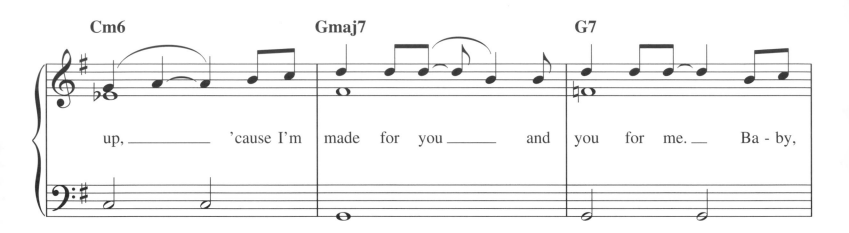

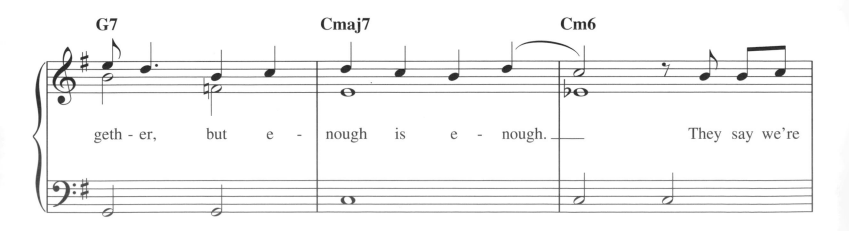

too young _ for _ love, _ but I'm _ catch -

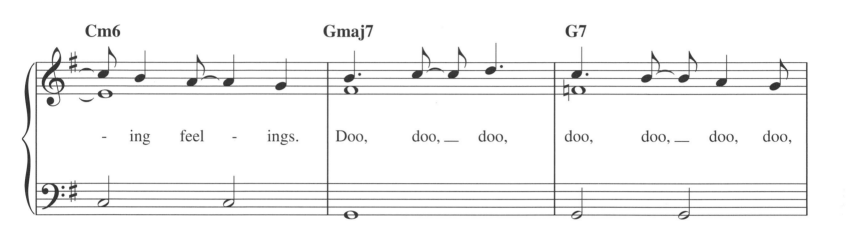

- ing feel - ings. Doo, doo, _ doo, doo, doo, _ doo, doo,

doo, doo, _ doo, catch - ing feel - ings. Doo, doo, _ doo,

doo, doo, _ doo, doo, doo, doo, _ doo, doo, _ doo.

Should I tell her how ___ I _____ real - ly

feel? Should I move ___ in close ___ or just ___ be still? ___

_____ (How will I know?) ___ 'Cause if I take a chance ___ and I

touch your hand, _____ will ev - 'ry - thing ___ change? ___

How do I know __   if she feels _ the   same? _____

D.S. al Coda

__

CODA

Doo,   doo, _ doo,   doo,   doo, _ doo, doo,

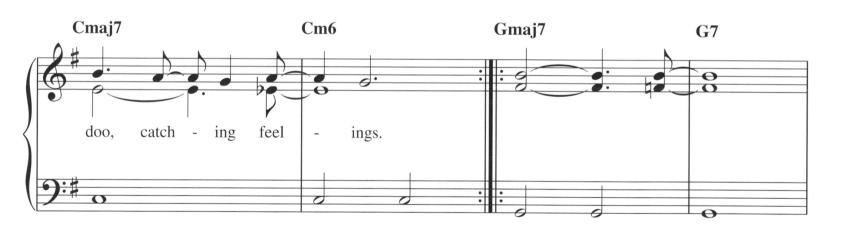

doo, catch - ing feel - ings.

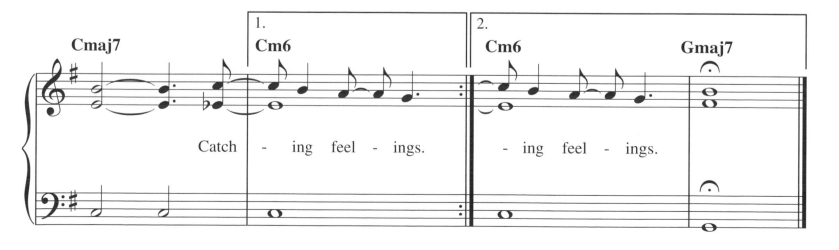

1.

Catch - ing feel - ings.

2.

- ing feel - ings.

BOYFRIEND

Words and Music by JUSTIN BIEBER,
MAT MUSTO, MIKE POSNER
and MASON LEVY

Moderate Hip-Hop groove

If I was your boy-friend, I'd never let you go.
Tell me what you like, yeah, tell me what you don't. I could

I could take you plac-es you ain't never been be-fore.
be your Buzz Light-year, fly a-cross the globe. I don't

Ba-by, take a chance or you'll never ev-er know. I got
ev-er wan-na fight, yeah, you al-read-y know. I'm a

mon-ey in my hands that I'd real-ly like to blow, swag,
make you shine bright like you're lay-in' in the snow, brrr.

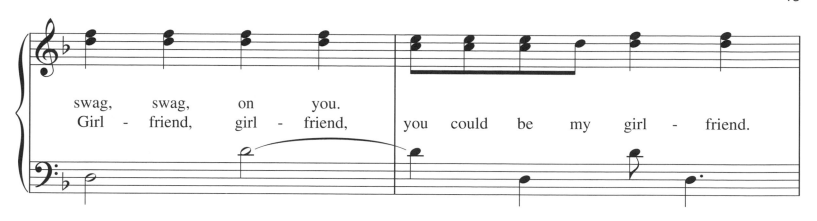

swag, swag, on you.
Girl - friend, girl - friend, you could be my girl - friend.

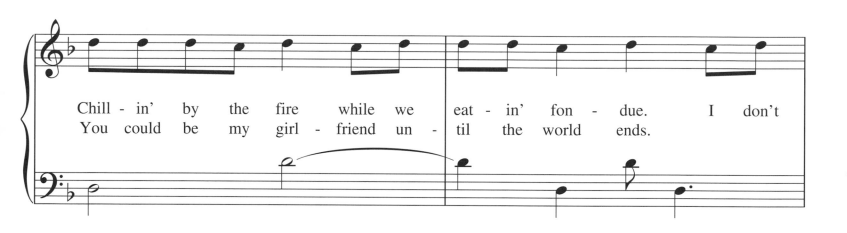

Chill - in' by the fire while we eat - in' fon - due. I don't
You could be my girl - friend un - til the world ends.

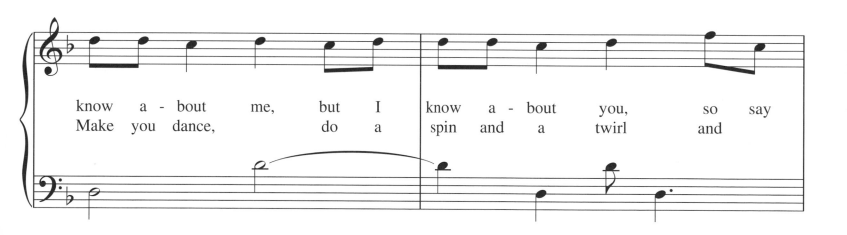

know a - bout me, but I know a - bout you, so say
Make you dance, do a spin and a twirl and

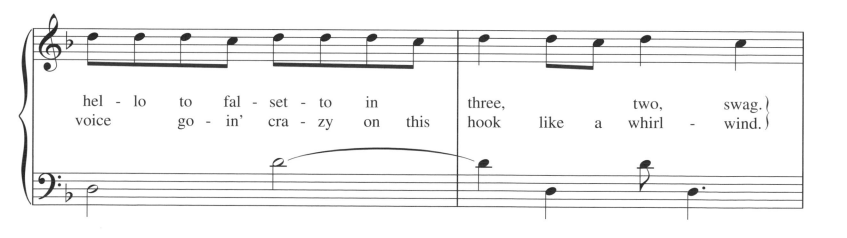

hel - lo to fal - set - to in three, two, swag.}
voice go - in' cra - zy on this hook like a whirl - wind.}

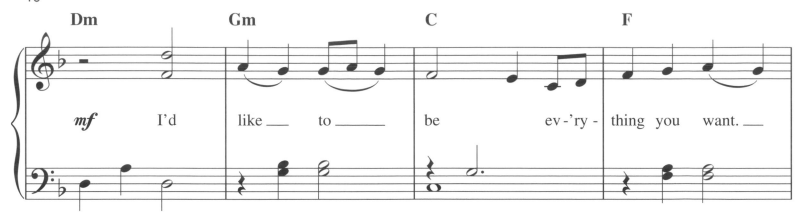

I'd like ___ to ___ be ev-'ry- thing you want. ___

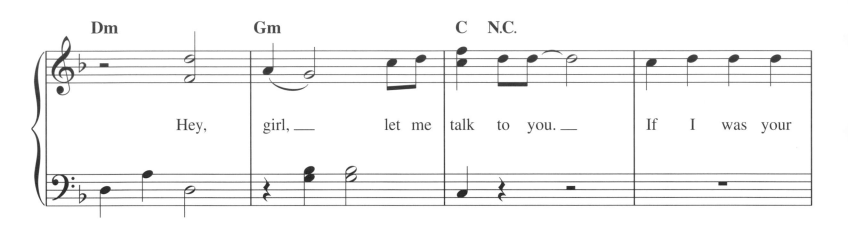

Hey, girl, ___ let me talk to you. ___ If I was your

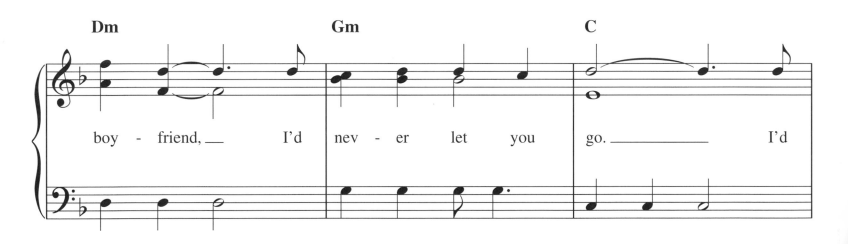

boy - friend, ___ I'd nev - er let you go. ___ I'd

keep you on my arm, girl, ___ you'd nev - er be a -

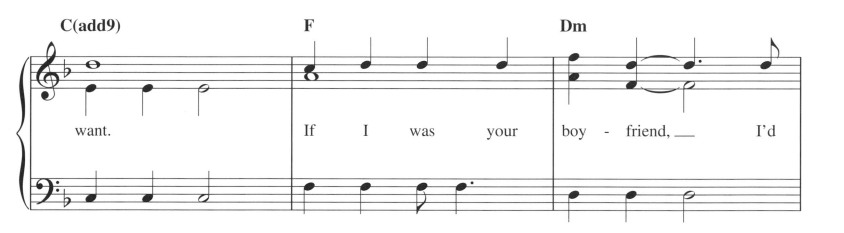

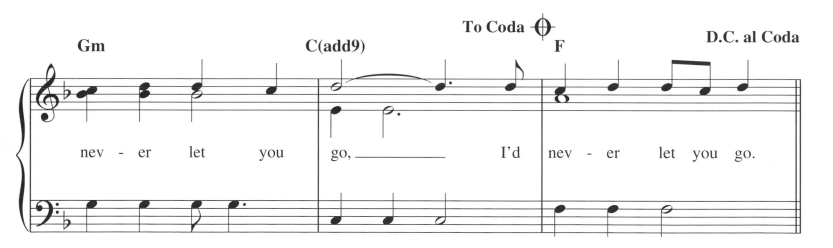

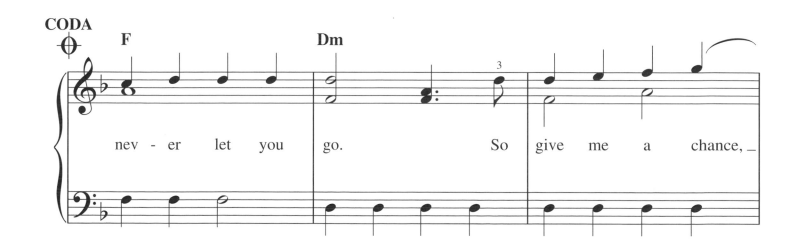

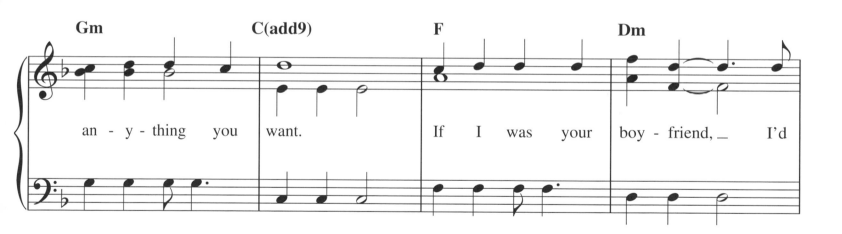

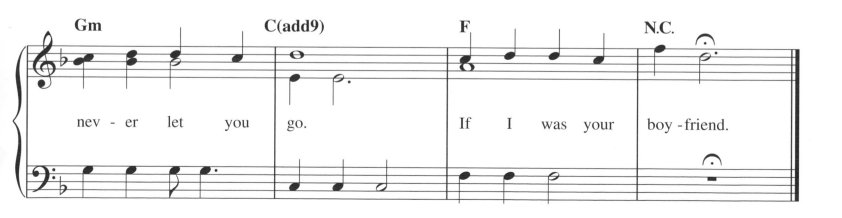

AS LONG AS YOU LOVE ME

Words and Music by JUSTIN BIEBER,
SEAN ANDERSON, NASRI ATWEH,
RODNEY JERKINS and ANDRE LINDAL

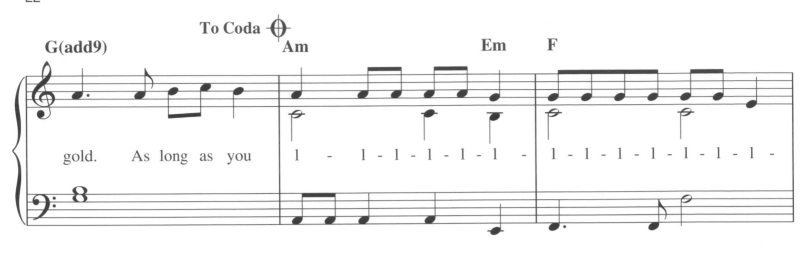

TAKE YOU

Words and Music by JUSTIN BIEBER,
RAPHAEL JURDIN, PIERRE-ANTOINE MELKI, ROSS GOLAN,
JAMES ABRAHART, ALEXANDER DEZEN and B. MADDAHI

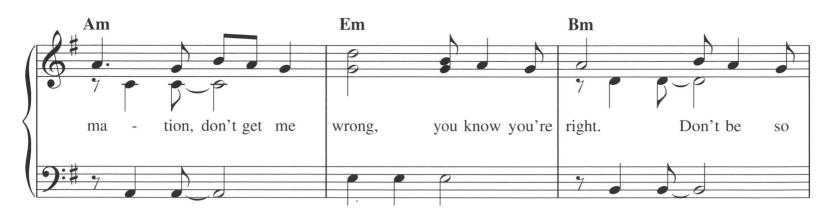

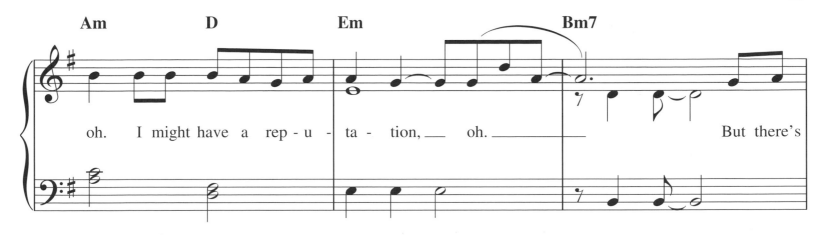

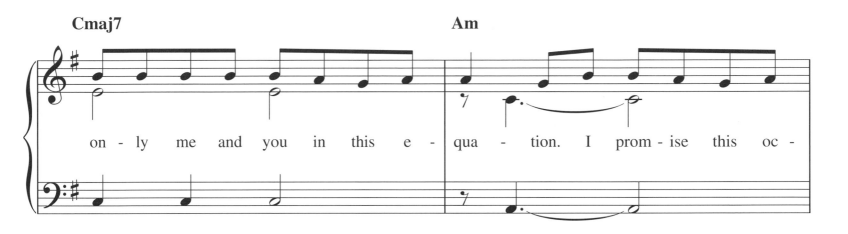

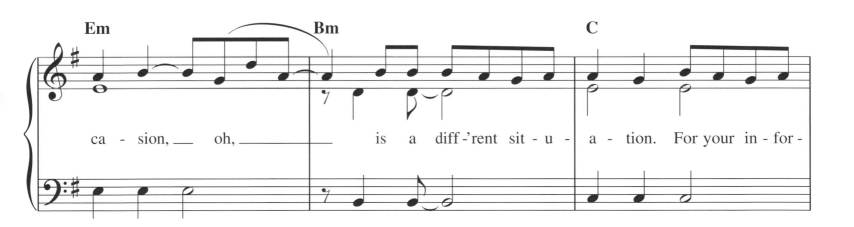

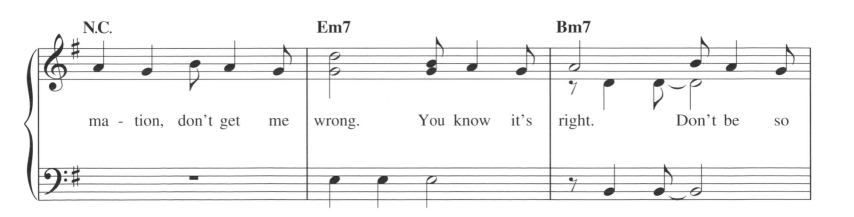

cold, we could be fire. To - mor - row we'll go, ___ let's start to -

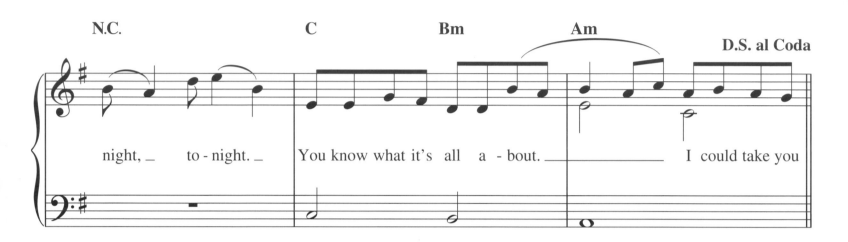

night, _ to - night. _ You know what it's all a - bout. ___ I could take you

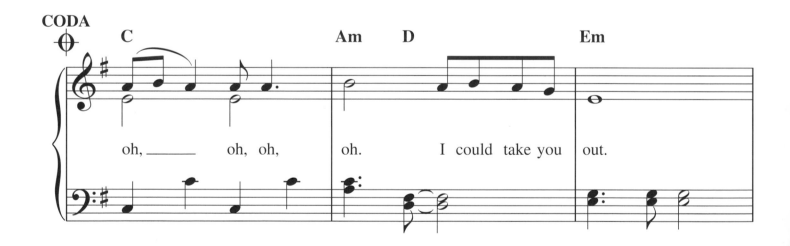

oh, ___ oh, oh, oh. I could take you out.

I could take you home. ___ I could take you

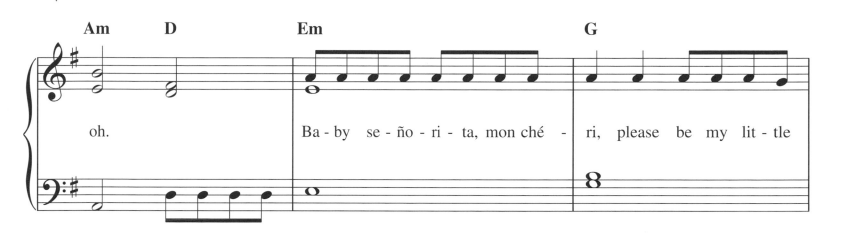

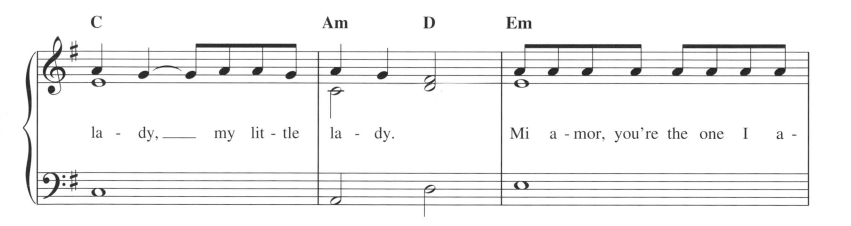

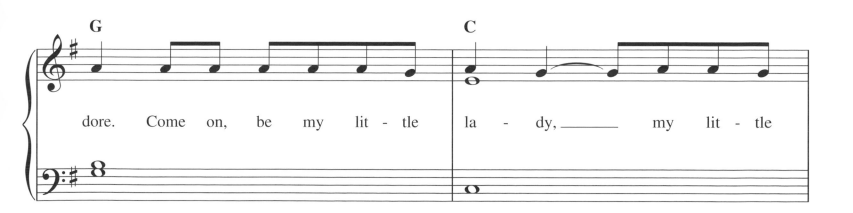

la - dy. Ba - by se - ño - ri - ta, mon ché - ri, please be my lit - tle

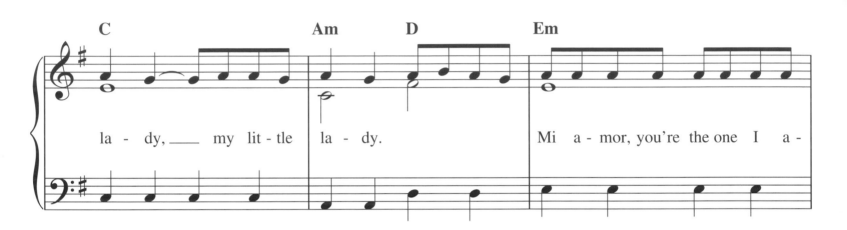

la - dy, ___ my lit - tle la - dy. Mi a - mor, you're the one I a -

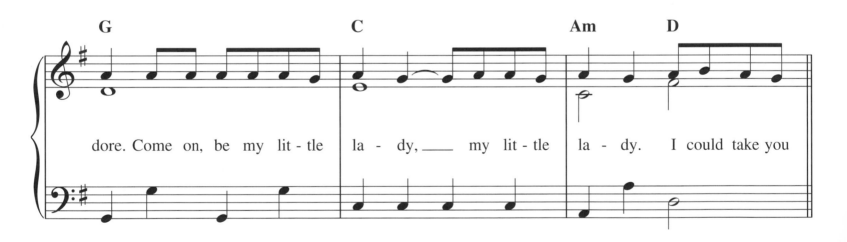

dore. Come on, be my lit - tle la - dy, ___ my lit - tle la - dy. I could take you

out. I could take you home. I could take you, oh, ___ where you wan - na

RIGHT HERE

Words and Music by JUSTIN BIEBER,
CHAUNCEY HOLLIS, ERIC BELLINGER
and AUBREY GRAHAM

by, oh, ____ 'cause I just wan-na love ya.
by, no, ____ 'cause I just wan-na love ya.

I would nev - er ev - er put no-

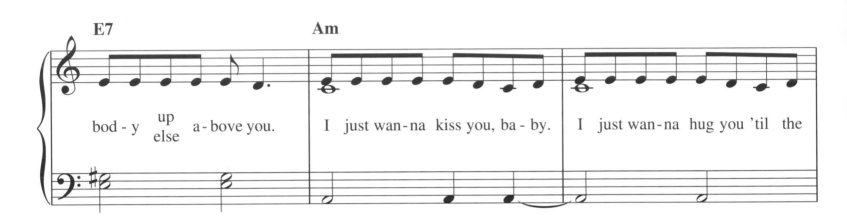

bod - y up
else a-bove you.

I just wan-na kiss you, ba - by.

I just wan-na hug you 'til the

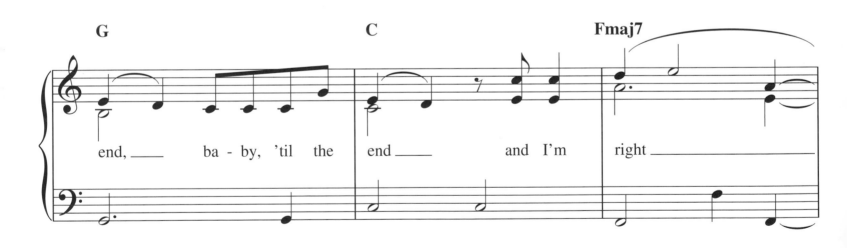

end, ____ ba - by, 'til the end ____ and I'm

right ____

____ here.

Ain't no-bod-y got-ta hold ya, 'cause I'm

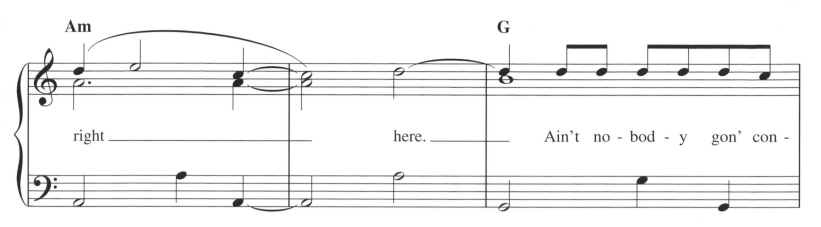

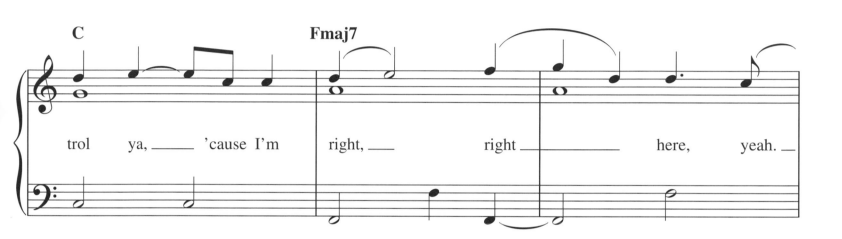

I'm right ___ here. _____ I'm right ___

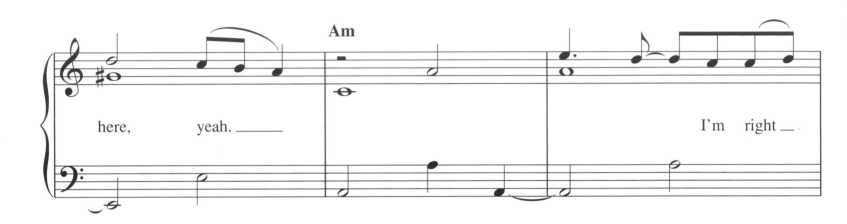

here, yeah. _____ I'm right ___

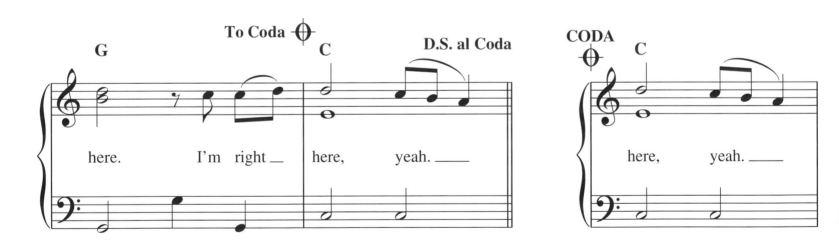

here. I'm right ___ here, yeah. _____ here, yeah. _____

Good girl, got her mind right. She been raised right, be - in' pa - tient, I

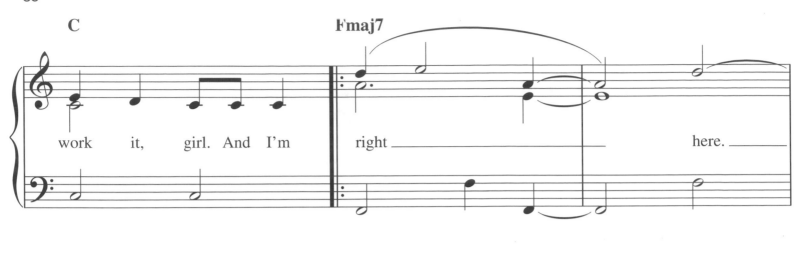

work it, girl. And I'm right _____ here. _____

_____ Ain't no-bod-y got-ta hold ya, 'cause I'm right _____

1.
_____ here. _____ Ain't no-bod-y gon' con-trol ya, 'cause I'm

2.
trol ya.

BE ALRIGHT

Words and Music by JUSTIN BIEBER
and DAN KANTER

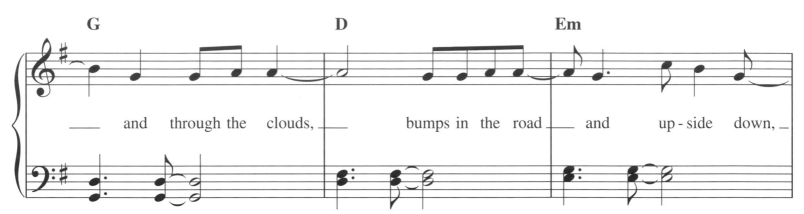

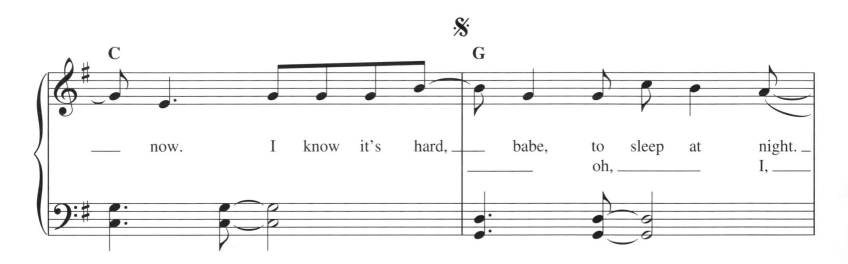

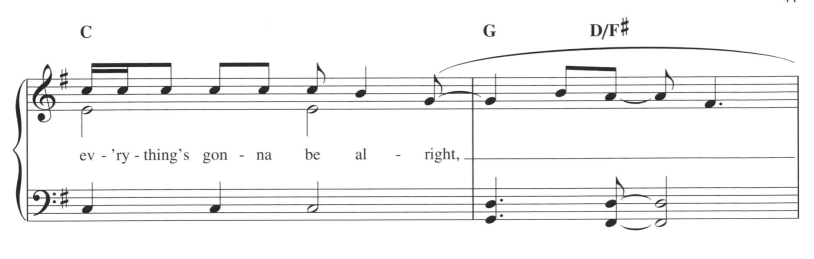

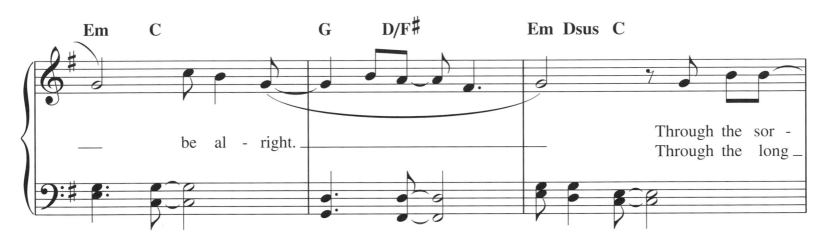

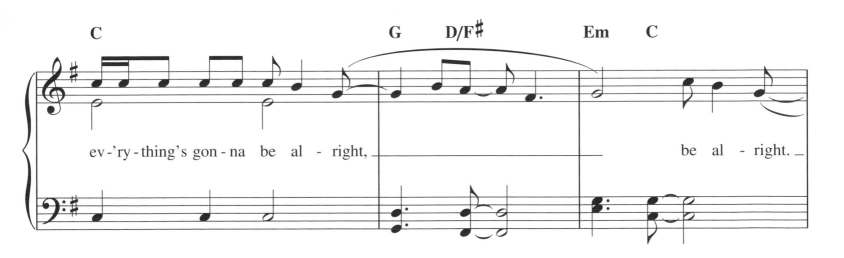

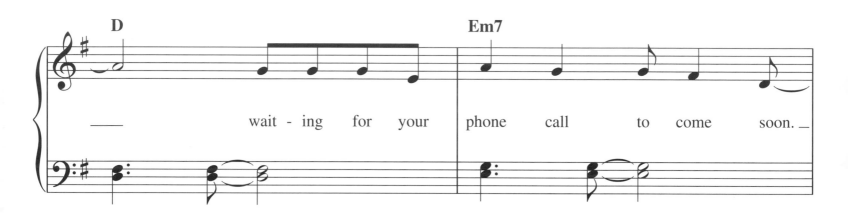

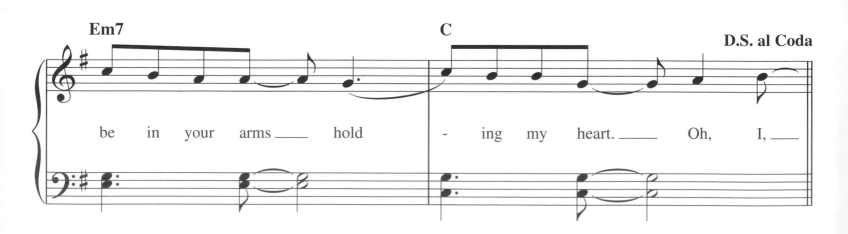

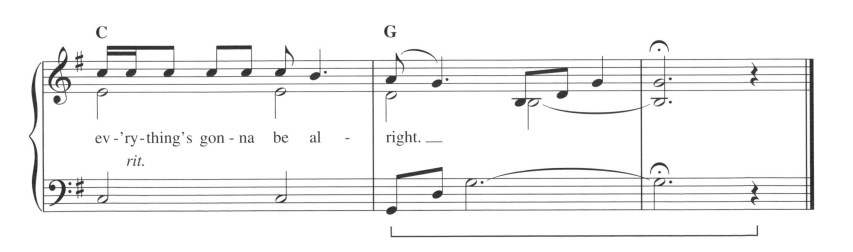

FALL

Words and Music by JUSTIN BIEBER,
MASON LEVY and JASON LUTRELL

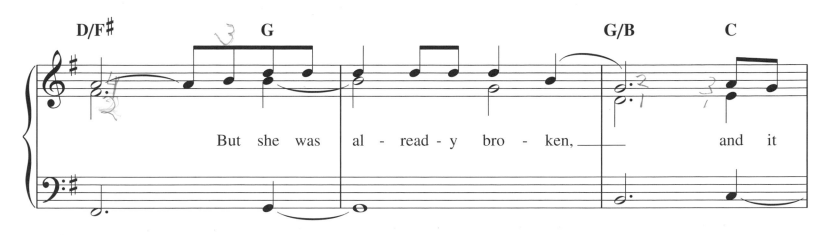

But she was al - read - y bro - ken, _____ and it

made her blind. But she could nev - er be - lieve ____ that love ___ would ev - er

treat her _____ right. _____ Did you

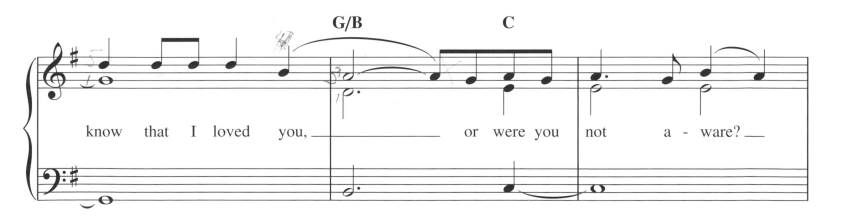

know that I loved you, _____ or were you not a - ware? ___

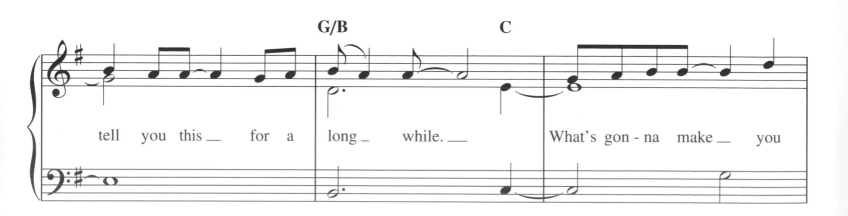

fall _____ in love? _____
fall _____ in love. _____

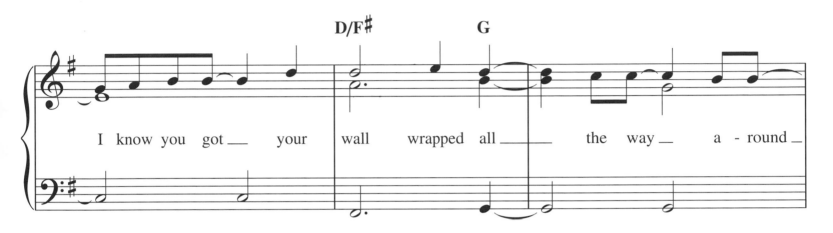

I know you got ___ your wall wrapped all ___ the way ___ a - round ___

___ your heart. ___ Don't have to be scared ___ at all, _____

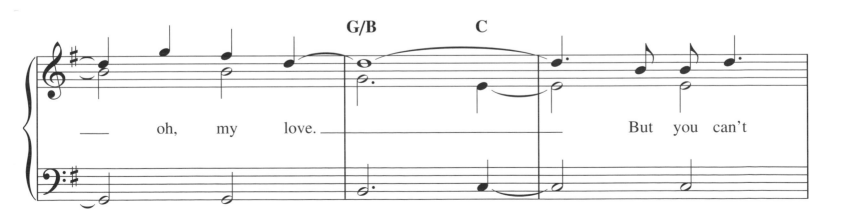

___ oh, my love. _____ But you can't

Well, I don't wan-na lose it ei - ther. _____ I don't ___

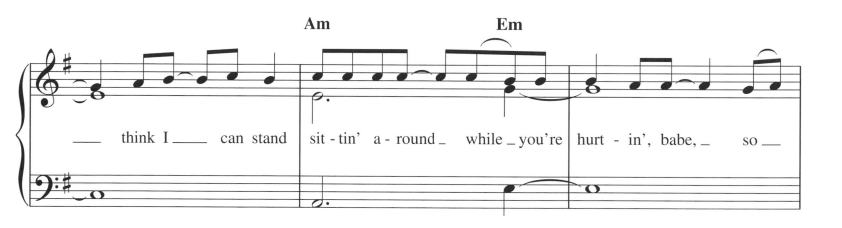

___ think I ___ can stand sit-tin' a - round _ while _ you're hurt - in', babe, _ so ___

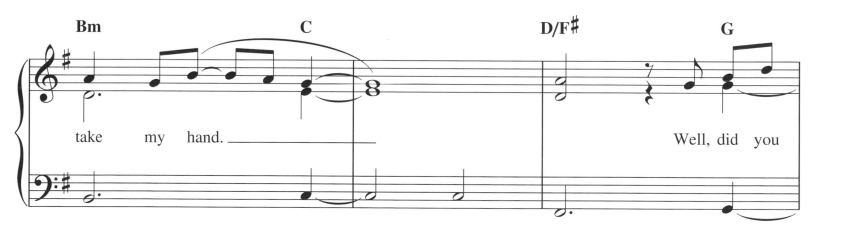

take my hand. _____ Well, did you

know that you're an an - gel who for-got how to fly? ___

Did you know that it breaks my heart ev-er-y time to

see you cry? __ 'Cause I know __ that a piece __ of you's gone, __ ev-'ry time

he done wrong, __ I'm the shoul - der you're cry - in' on. __ And I hope __ by the time __

__ that I'm done __ with this song __ that I've fig - ured out what's gon-na make __ you

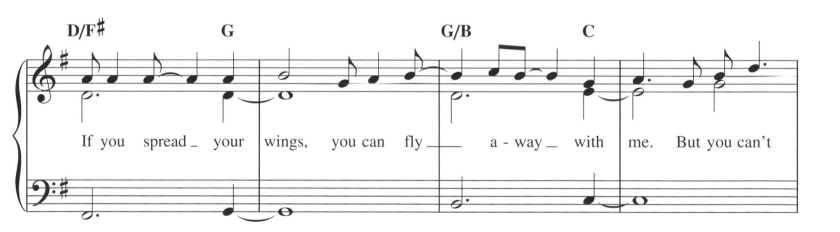

DIE IN YOUR ARMS

Words and Music by JUSTIN BIEBER, FREDDIE PERREN,
BERRY GORDY, JR., ALPHONSO JAMES MIZELL, DEKE RICHARDS,
RODNEY JERKINS, THOMAS LUMPKINS, KELLY LUMPKINS,
DENNIS JENKINS, TRAVIS SAYLES and HERBERT LOUIS ROONEY

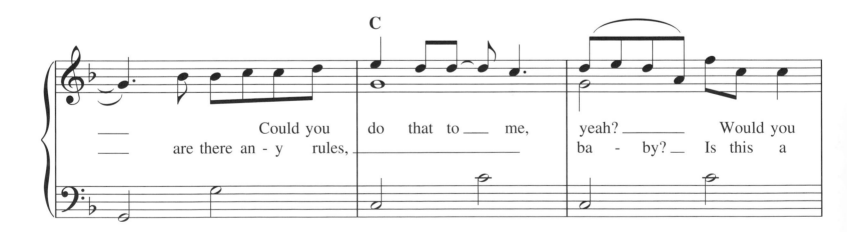

die _____ in your _____ arms. _____ Oo, _____ it

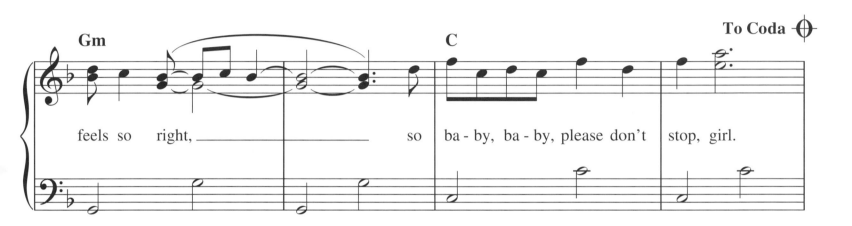

feels so right, _____ so ba-by, ba-by, please don't stop, girl.

1.
Umm, _____ uh huh, _____

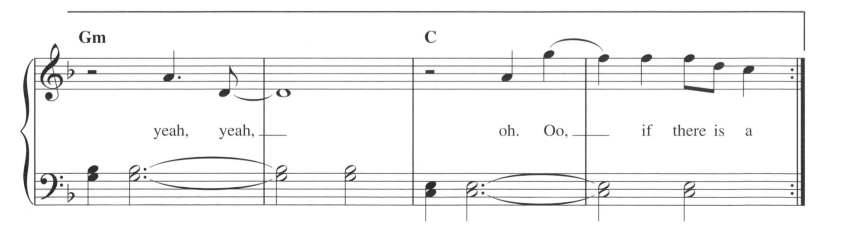

yeah, yeah, _____ oh. Oo, _____ if there is a

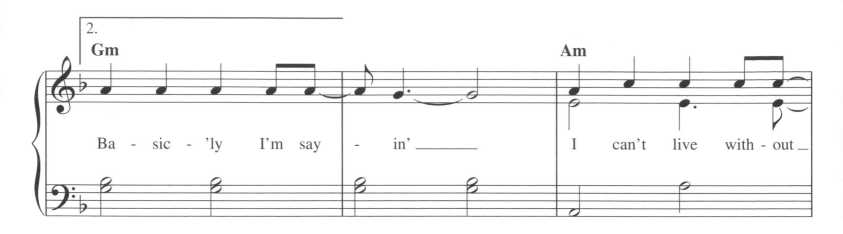

Ba - sic - 'ly I'm say - in' _____ I can't live with - out _____

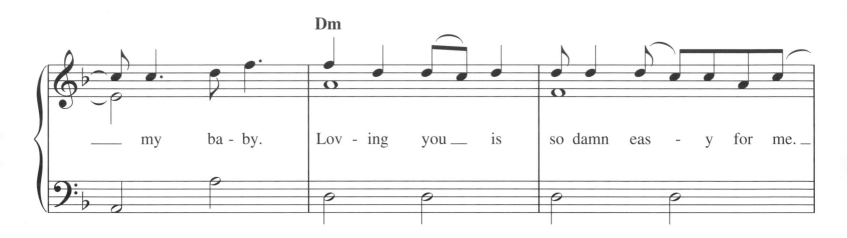

_____ my ba - by. Lov - ing you _ is so damn eas - y for me. _____

_____ Ain't no need for con - tem - plat - in',

prom - ise you won't keep ___ me wait - in'. ___ Tell me, ba - by, I'm _

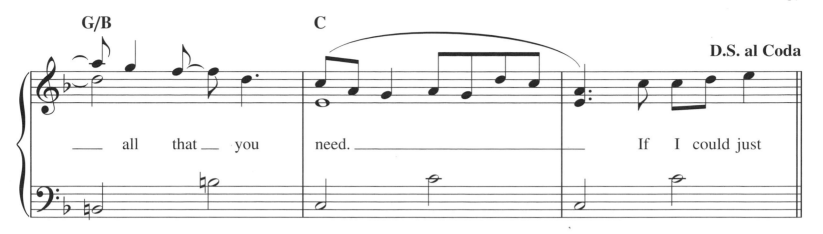

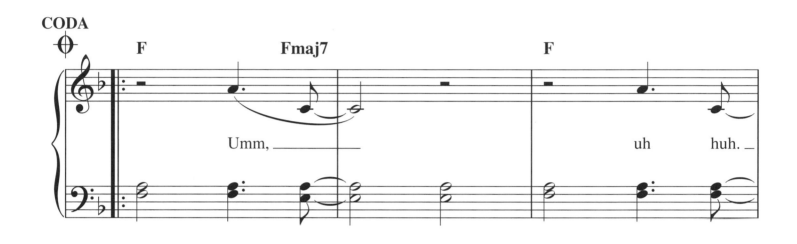

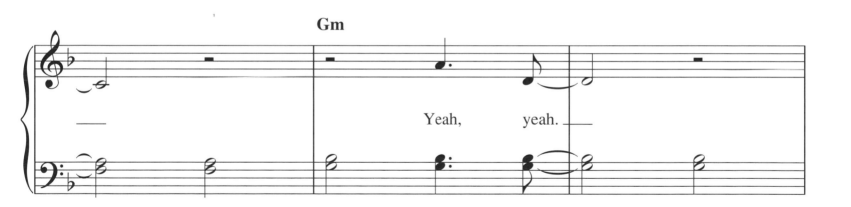

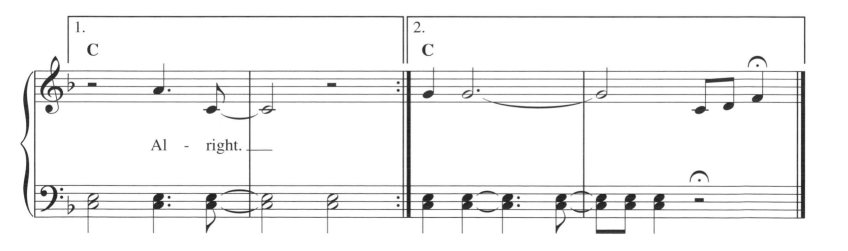

THOUGHT OF YOU

Words and Music by JUSTIN BIEBER,
ERIC BELLINGER, ARIEL RECHTSHAID
and THOMAS PENTZ

Girl, I been fooled by your smile.
I fell vic-tim to your style.

I was mis-tak-en by the way you love me.
You're so a-maz-ing, girl, you're in your own league.

Been lead a-stray for a while, yeah.
Rath-er be stuck in de-nial, yeah,

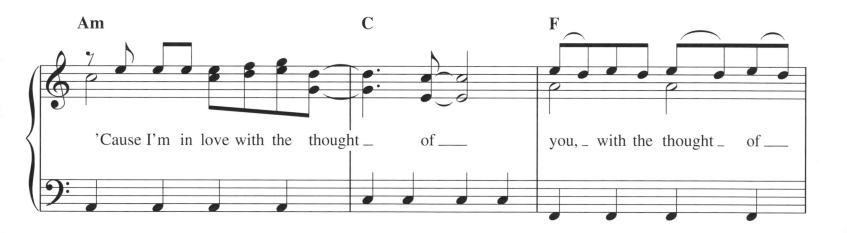

do, but the thought _ of ____ you. Girl, I'm in love with the thought of

you, _____ you, __ you. ____ Girl, I'm in love with the thought of

you, ___ you, _ you. ____ Girl, I'm in love with the thought of you, ___ you, _ you. __

D.S. al Coda
(Take 1st ending)

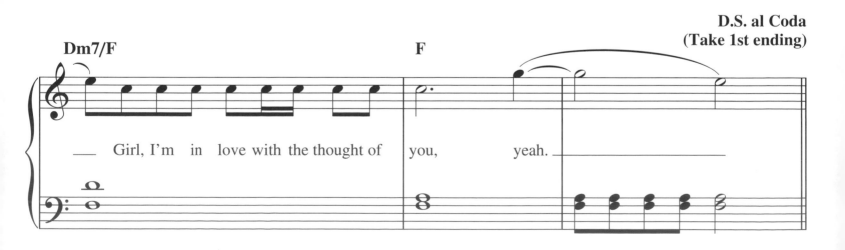

__ Girl, I'm in love with the thought of you, yeah. ____

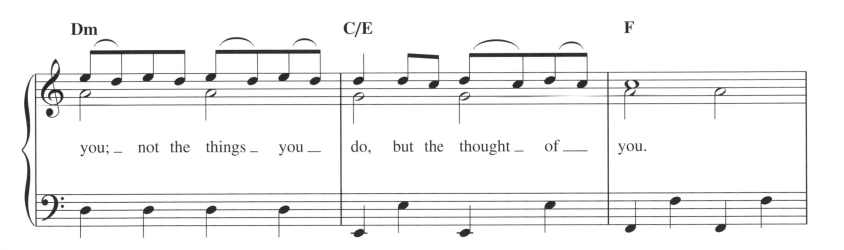

BEAUTY AND A BEAT

Words and Music by JUSTIN BIEBER,
NICKI MINAJ, MAX MARTIN,
ANTON ZASLAVSKI and SAVAN KOTECHA

Moderately fast

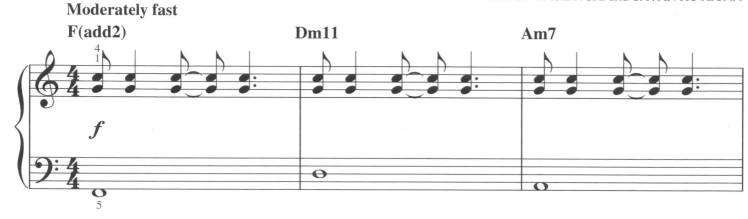

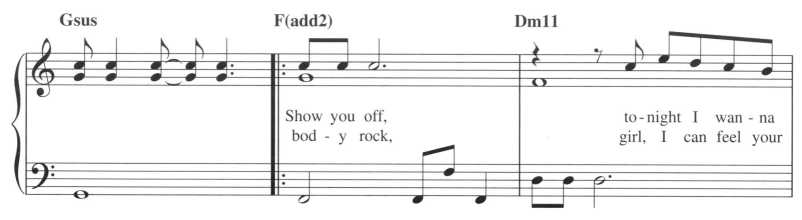

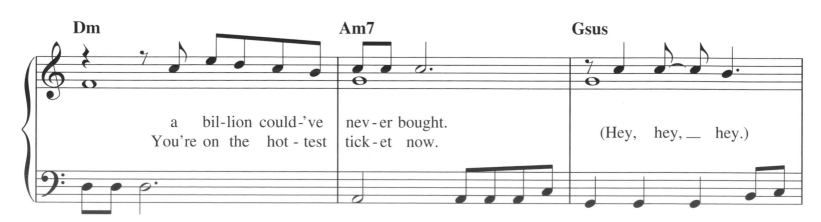

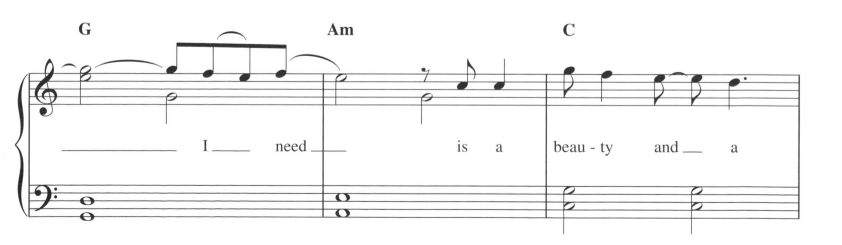

beat   who can   make my   life ___ com - plete. _____

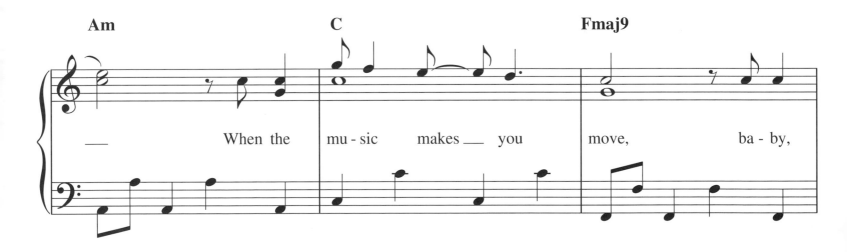

___   It's   all _____ 'bout __ you. __

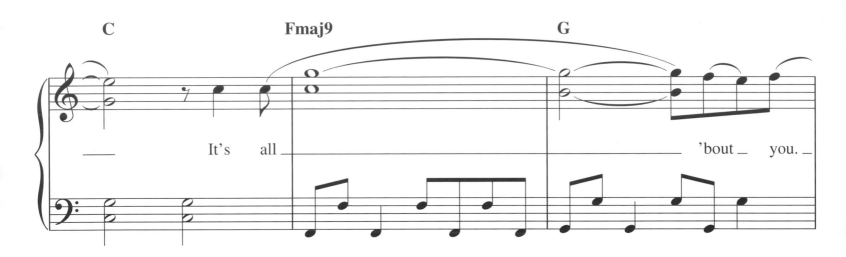

When the   mu - sic   makes __ you   move,   ba - by,

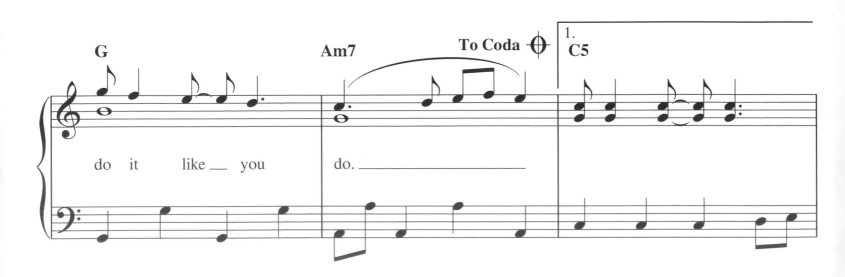

do it like __ you   do. _____

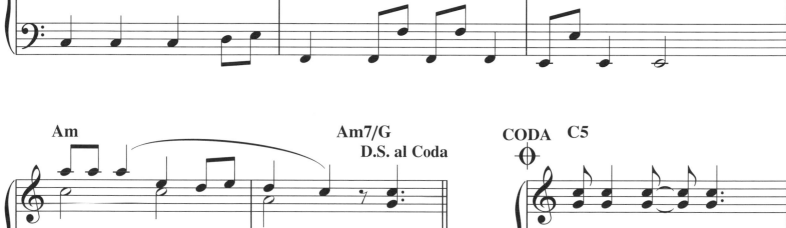

ONE LOVE

Words and Music by JUSTIN BIEBER
and B. GREEN

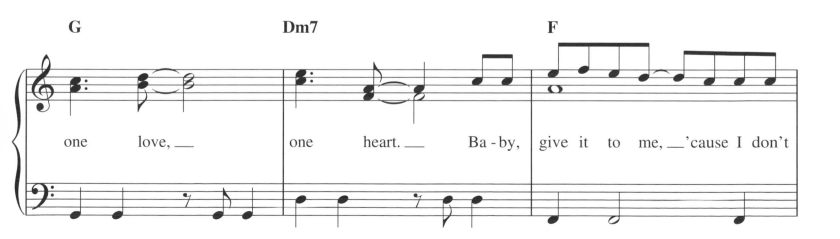

C … **G**

want, want no - bod - y when I got, got your bod - y. Ba - by,

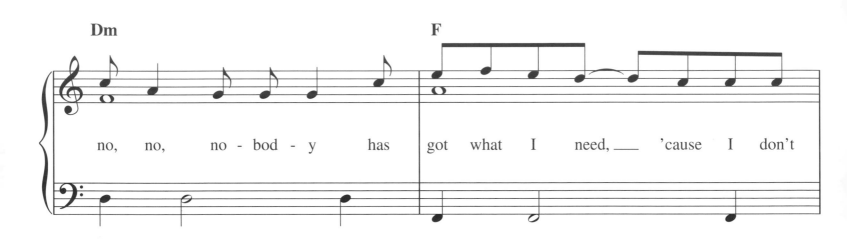

Dm … **F**

no, no, no - bod - y has got what I need, ___ 'cause I don't

C … **G**

want, want no - bod - y when I've got, got your bod - y. Ba - by,

To Coda ⊕

Dm … **F** … **Am7**

no, no, no - bod - y has got what I need ___ to - night. Your love is like a
Hey,

roll - er coast - er,_____ the way that you take my breath __ a -

way.   It feels like I'm   slow - ly fall - ing   deep - er and deep - er,

deep - er and deep - er.
'Cause all I need is

give it to me._____

BELIEVE

Words and Music by JUSTIN BIEBER, NASRI ATWEH,
ADAM MESSINGER, NOLAN LAMBROZZA, DARREN BLACK,
JOHNNY GRIFFEN, GRAEME HOGG and DANNY WILSON

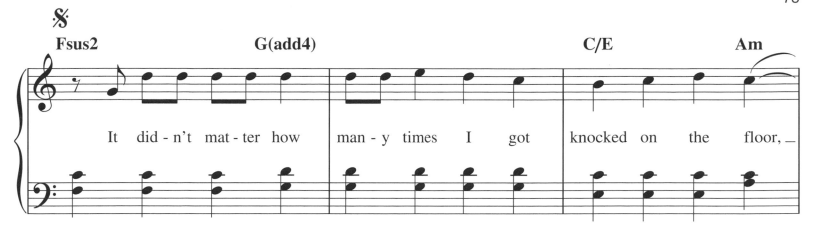

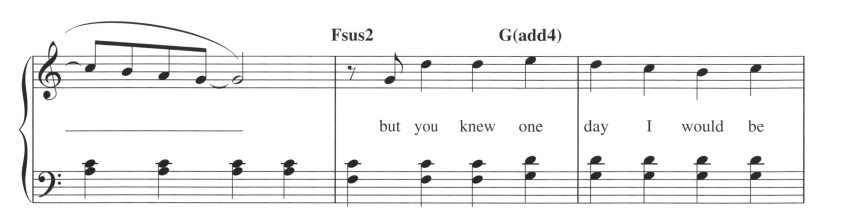

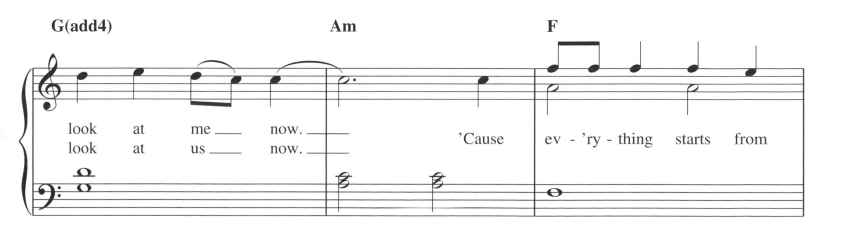

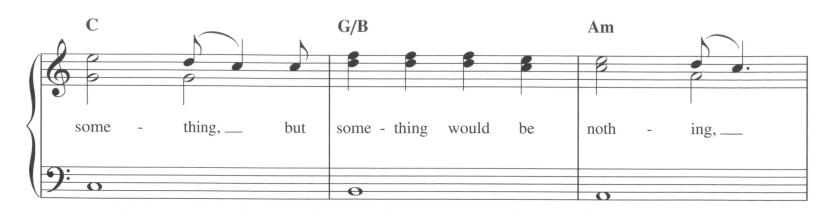

C
G/B
Am

some - thing, ___ but   some - thing would   be   noth - ing, ___

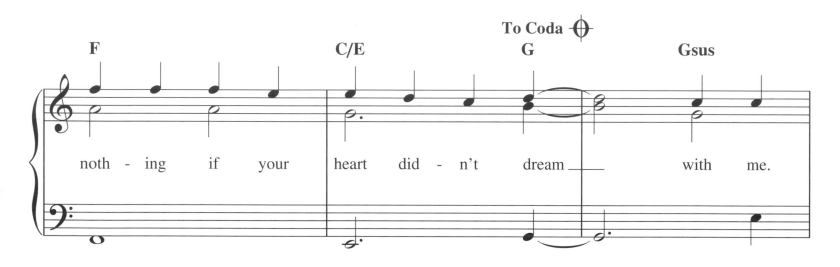

To Coda ⊕

F
C/E
G
Gsus

noth - ing   if   your   heart   did - n't   dream ___   with   me.

Am
G/B
C5

Where   would   I   be ___

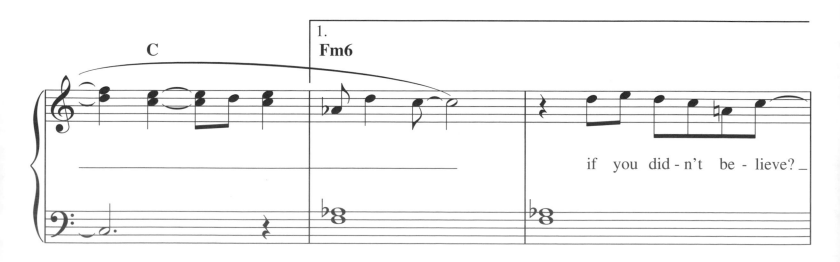

C
1.
Fm6

___   if   you   did - n't   be - lieve? ___

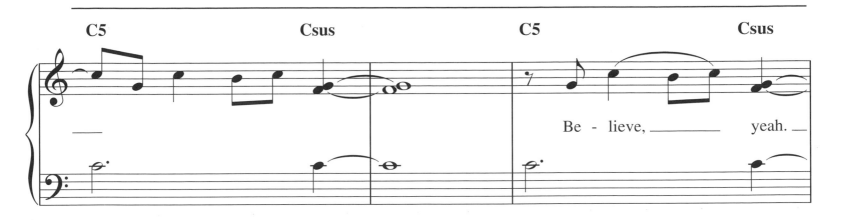

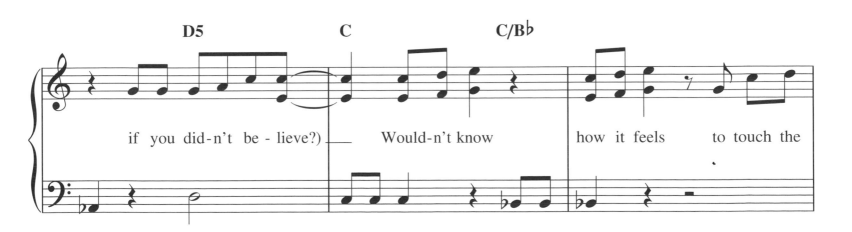

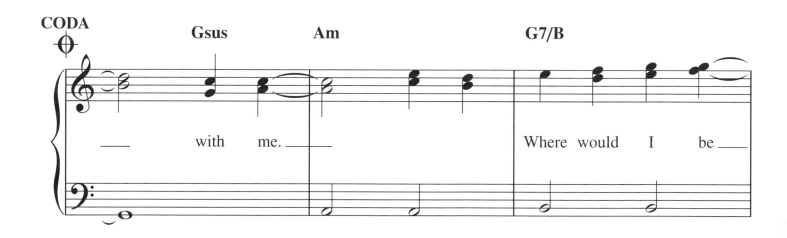

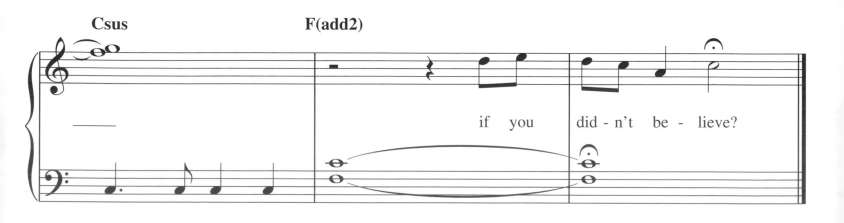

OUT OF TOWN GIRL

Words and Music by JUSTIN BIEBER,
GRAHAM EDWARDS, KENNETH "SOUNDZ" COBY,
LIAM HORNE and LAMAR STOVALL

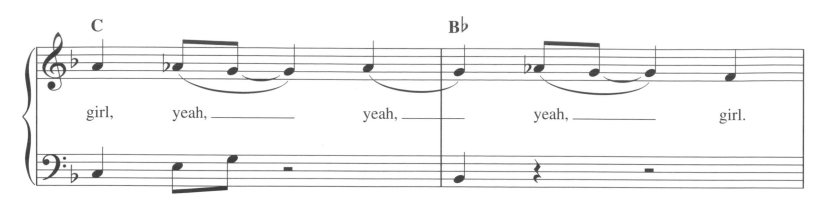

girl,   yeah, _____ yeah, _____   yeah, _____ girl.

If you're feel - ing me,   Hey, ba - by girl, I like your ac - cent, __
   let me   know; we're gon' hit the flow, __

- cent, _   - cent, _   - cent. _   Uh huh,   I think I like you
oh, __   oh, __   oh. __   I could be your pass - port;

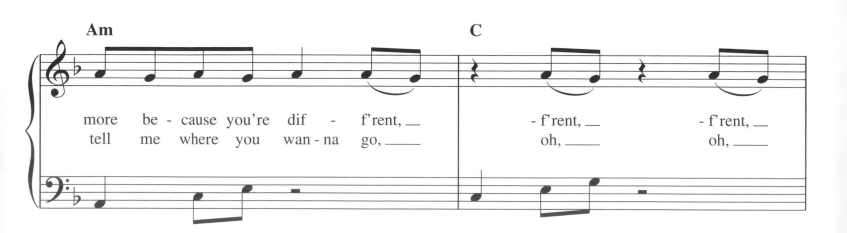

more be - cause you're dif - f'rent, __   - f'rent, __   - f'rent, __
tell me where you wan - na go, _____   oh, _____   oh, _____

B♭   Dm

-f'rent. _____   Oh, _____   I ain't got-ta ask; I can
oh, _____   oh. _____   Girl, _____ don't be shy; you won't

Am   C   B♭

tell you ain't from here, _   here, _   here, _   here. _____   Oh, _
know if you nev-er try, _   try, _   try, _   try. _____

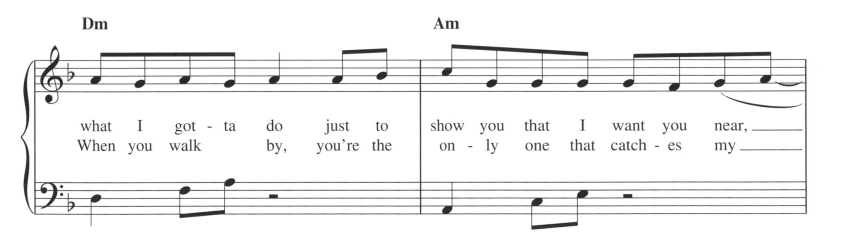

Dm   Am

what I got-ta do just to   show you that I want you near, _____
When you walk by, you're the   on-ly one that catch-es my _____

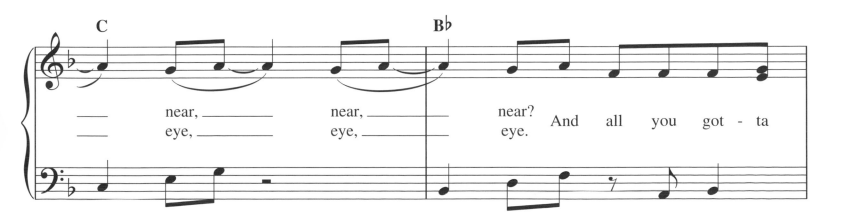

C   B♭

_ near, _____   near, _____   near? And all you got-ta
_ eye, _____   eye, _____   eye.

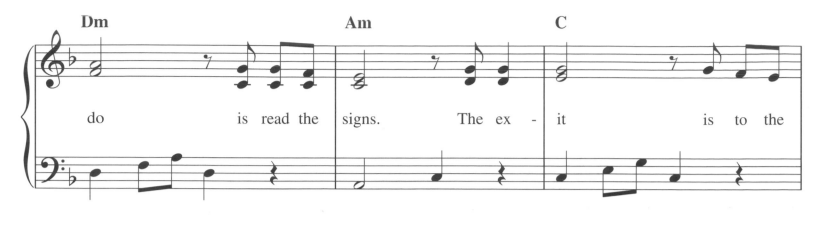

do   is read the   signs.   The ex - it   is to the

right.   I don't know your   name,   but I love your

smile.   I love the   way   you put it

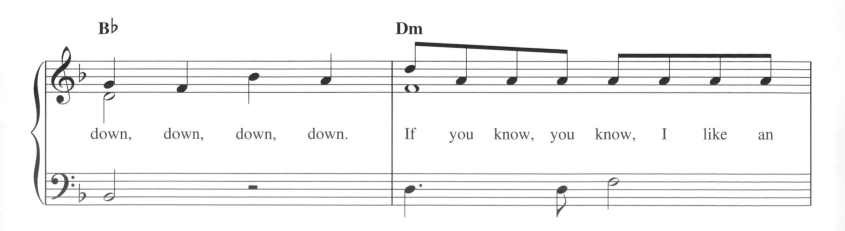

down,   down,   down,   down.   If   you know, you know, I like an

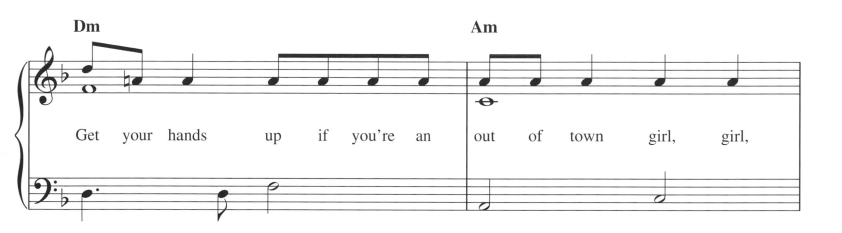

yeah, __ girl. You can tell, you can tell she's an out of town girl, girl,

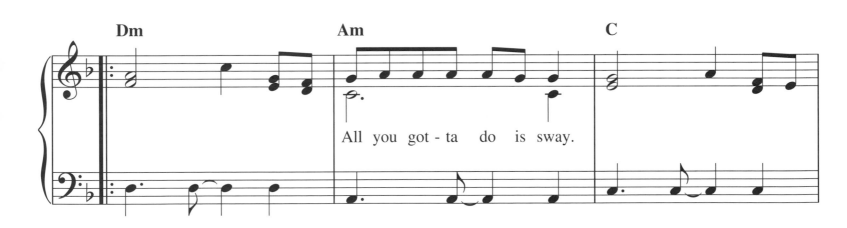

girl, yeah, __ yeah, __ yeah, __ girl. __ yeah, __ girl.

All you got-ta do is sway.

All you got-ta do is sway. All you got-ta do is sway,

SHE DON'T LIKE THE LIGHTS

Words and Music by JUSTIN BIEBER,
TIYON "TC" MACK, RODNEY JERKINS
and ANDRE LINDAL

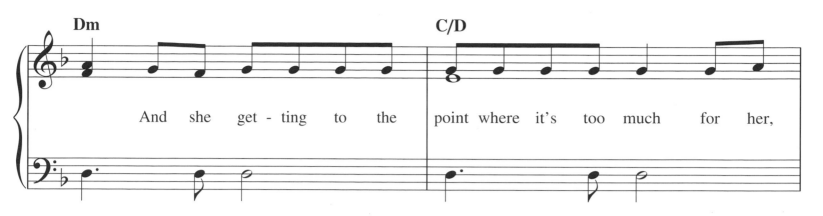

oo, whoa, __ oo, whoa. __ She don't, she

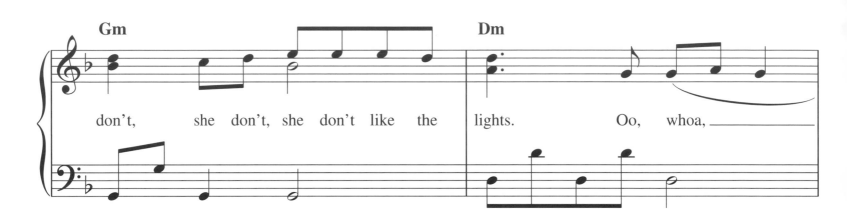

don't, she don't, she don't like the lights. Oo, whoa, __

__ oo, whoa, _ oo, whoa. __ She don't, she don't, she don't, don't wan-na

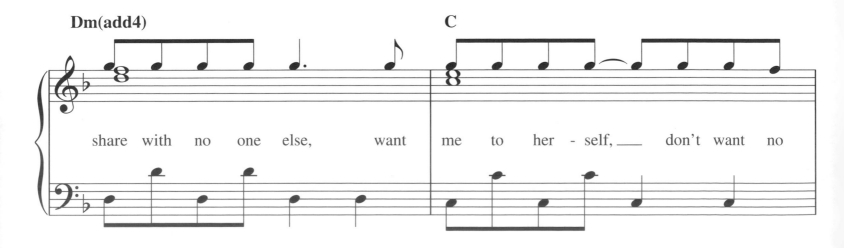

share with no one else, want me to her-self, __ don't want no

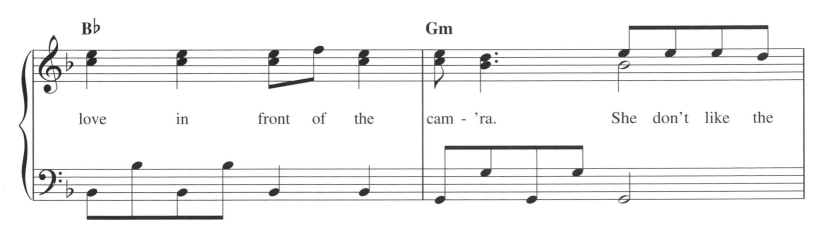

love in front of the cam - 'ra. She don't like the

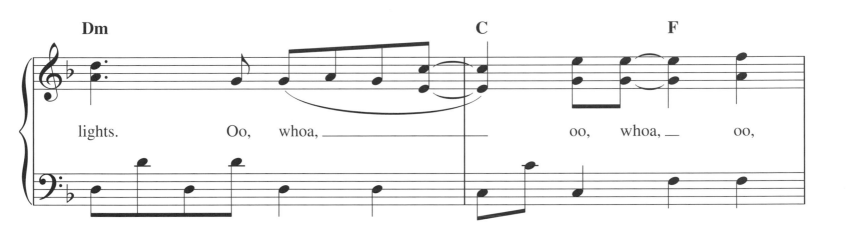

lights. Oo, whoa, ____ oo, whoa, __ oo,

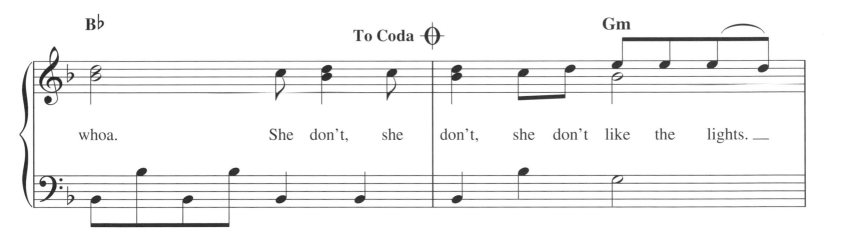

whoa. She don't, she don't, she don't like the lights. __

Oh,

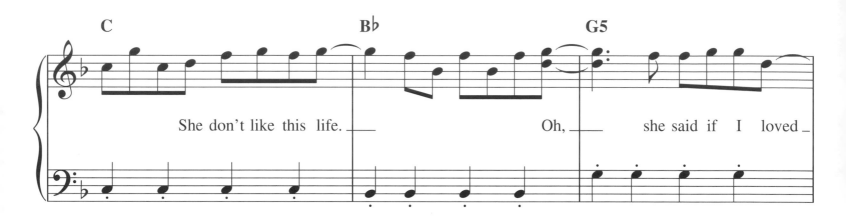

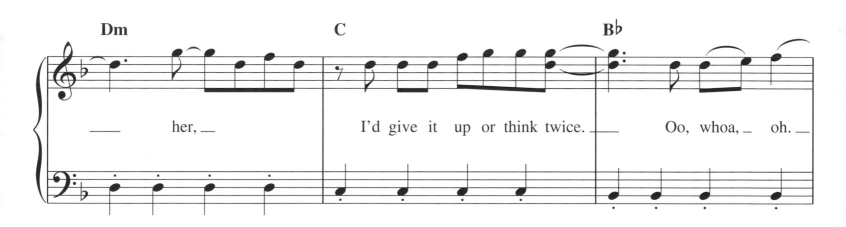

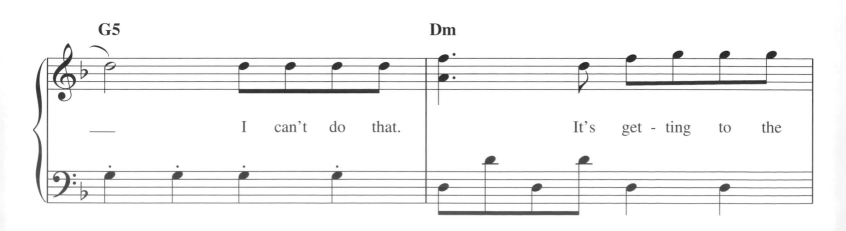

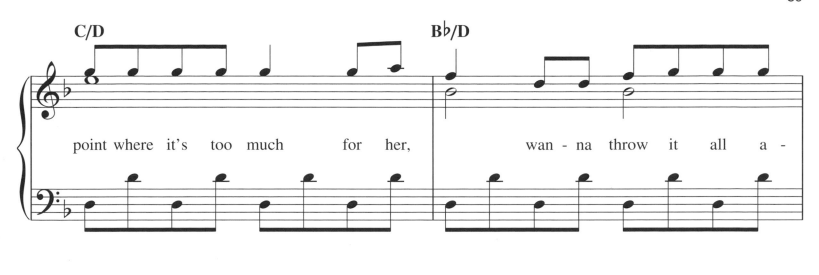

point where it's too much for her, wan - na throw it all a -

way 'cause it's too much for her. She ___ don't

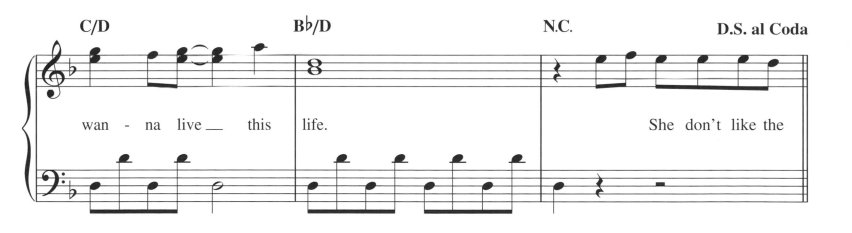

wan - na live ___ this life. She don't like the

don't. She don't, she don't, she don't, she don't like the lights.

MARIA

Words and Music by JUSTIN BIEBER,
RODNEY JERKINS and AUGUST RIGO

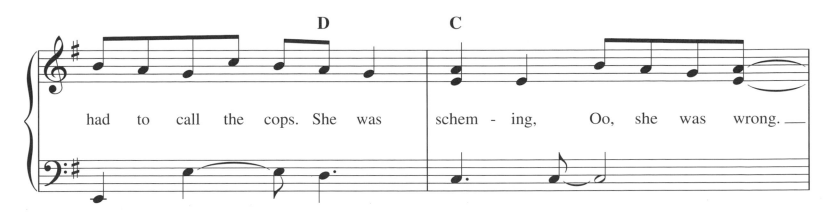

had to call the cops. She was schem - ing, Oo, she was wrong. ___

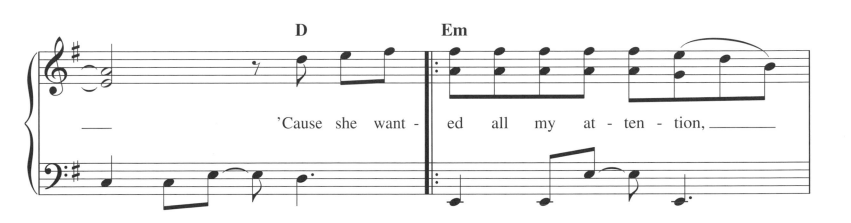

___ 'Cause she want - ed all my at - ten - tion, _____

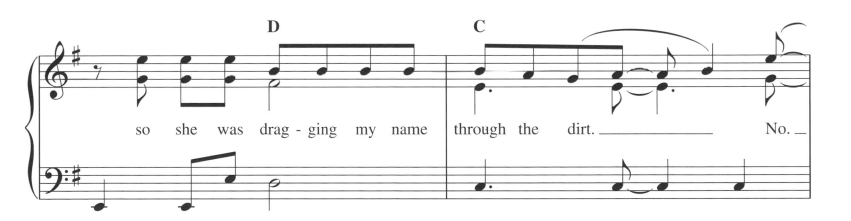

so she was drag - ging my name through the dirt. _____ No. __

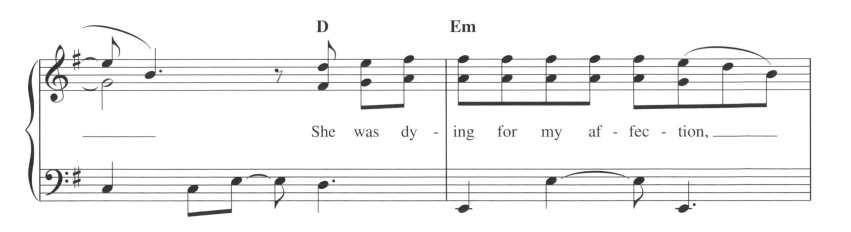

_____ She was dy - ing for my af - fec - tion, _____

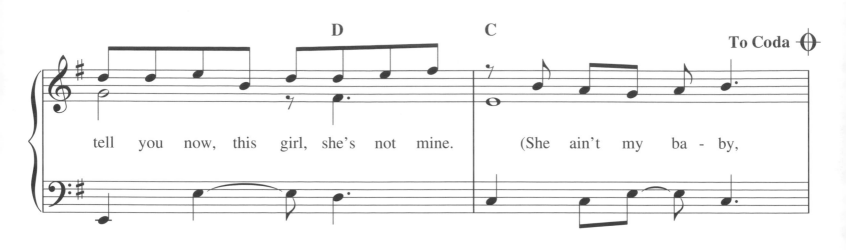

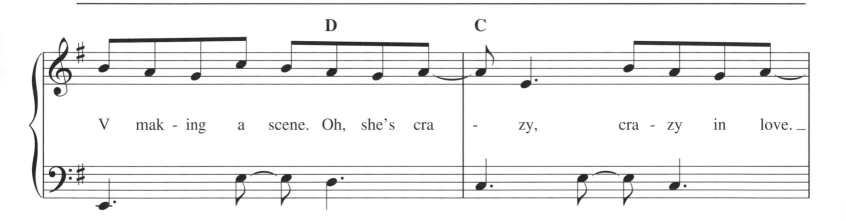

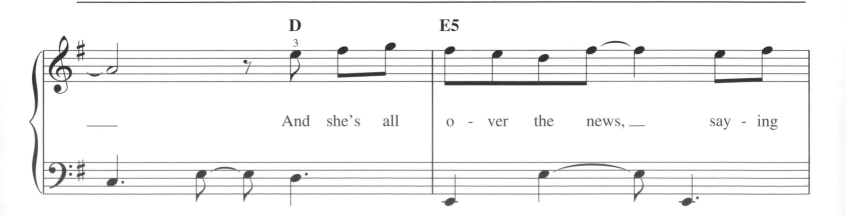

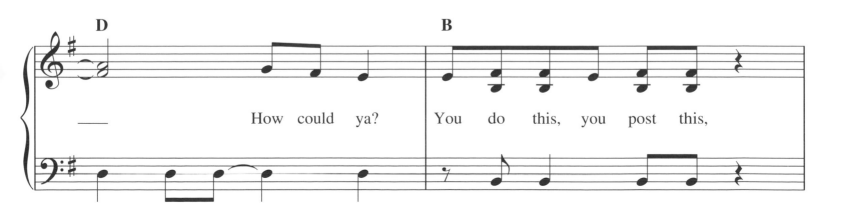

you fool this, se - duce this.   Ma -

she ain't my   girl.) _____

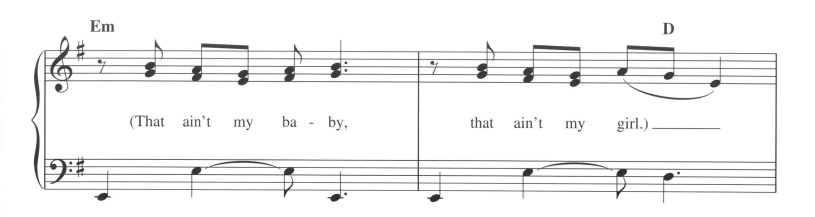

(That ain't   my   ba - by,

that   ain't   my   girl.) _____

(She ain't my ba - by,

she ain't my   girl.) ____

(That ain't my ba - by,

that ain't my   girl.) ____

(She ain't my ba - by,

she's not my   girl.) ____